꽃을 위한 명상

변영교 시집

土房

시인의 말

젊은 여배우가 옷을 벗는다
가슴을 드러내고 아랫도리를 드러낸다
예술을 한다지만
대단한 용기다.

"나도 맨살을 드러내 볼까?"
"관두셔."
"시(詩)도 예…"
"채신없이 무슨… "

많은 이가 소나무에 나래 접고 앉은
학(鶴)처럼 살고 싶어 한다.

하지만 그들도
벌레를 잡아먹으며
알을 까며
사는 거다.

시조 92편(篇) 165수(首)다.

이 중 몇 줄이 읽는 사람의 가슴을 울려
그 읽는 수고에 보답할 수 있을까?

두렵다.

2013년 1월

변영교

차례

1 바람

2 별밤

3 꽃을 위한 명상

4 노변식사

5 겨울밤

1

바람

바람

형상이 있음인가
옷깃을 헤집음은

형상이 없음인가
손에 안 잡힘은

내 살다 슬며시 떠나면
한 점 바람이었을까?

차종·녹차 茶鍾·綠茶

아무 생각 없이
그냥 흘러내린 빛

모두 비워내어
다시 얻은 지순至純의 선線

가마에 불 환한 밤은
달도 옥색 살을 내보였다.

등정 登頂

능선이 일어서며 머리를 잡아당깁니다
핏발 선 관자놀이가 풀무질을 해댑니다
한 발짝 물러서 웃는 잡힐 듯한 하늘입니다.

파르르 떠는 힘줄 어금니를 깨뭅니다
막다른 유열의 고비 신음으로 흐릅니다
맥박도 지운 한 순간은 내 굴레를 벗습니다.

지분대던 땀방울이 빈틈없이 솟습니다
얼음 씻는 바람결이 머릿속을 맑힙니다
혼곤히 감긴 피곤으로 한 세상이 잠깁니다.

신탁 神託

— 가수 조수미에게

빨갛게 터져 오르는 한 그루 덩굴장미

접신接神한 무녀처럼 신탁神託을 읊조리면

사람은 숨을 죽이고 하늘의 소리를 듣는다.

망각

고기 한 점 먹는 날은
삼이웃에 소문 돌던

출출한 내 유년을
장지 밖에 세워놓고

날이면 날마다 찾는
입맛 돋울 새로운 것.

부음 訃音

세상이 좋아져서
전화기로 오는 통문通文

'재 넘어 바닷가의
마른 갈잎 한 잎 지다'

여울의 바닥을 뒤집으며
밀려오는 파도소리….

가로등 밑

선잠 깬 새벽 세 시
무심코 창밖을 본다
가로등 불빛 아래
마주 붙은 두 남녀…
얼마 후
다시 본 그 자리
입김 하얀 우유아줌마.

결혼식장에서

"아니, 이게 누구냐!"고 맞잡는 손끝에서
"살아있으니 만난다!"는 젖은 목소리에서
십 수 년 세월의 둑은 풀풀 나는 한 점 불티.

민들레 꽃씨처럼 흩날리어 제길 걷다
핏줄을 타고 온 기별 이 반가운 만남 앞에
세상을 떠난 이들도 눈물 속에 살아난다.

짓궂게 장난치던 촌수 먼 외가 누님
별빛 성긴 머리칼로 그날처럼 웃고 섰다
열여섯 소년의 마음 지금쯤은 아실라나?

징치고 꽹과리 치는 뒤풀이도 없는 세상
"앞으론 자주 보자—"며 짠한 발길 돌리지만
어느 날 어느 어르신 장삿날에나 만날는지….

이 가을에

찌든 플라타너스 잎이 바람에 날립니다
샛노란 은행잎도 한 잎 두 잎 떠나갑니다
한세월 지지고 볶던 이승 허물 벗습니다.

이래서 떠나보낸 사람들이 그리워집니다
저래서 떠나갔던 얼굴들이 보고싶습니다
가을 들 죄다 펴 담은 함지박이고 싶습니다.

채 벌어지지 않은 밤송이도 담습니다
산까치 쪼다 남은 능금알도 담습니다
억새꽃 두어 대궁쯤은 고명으로 얹습니다.

수녀 修女

사과 한 입 베문 죄가
만대萬代를 내리는가?
어찌 보면 그건 호기심
죄도 아닌 것을…
모두가 내 탓이로소이다
까만 죄를 쓰고 산다.

어떤 인연

옆집 순이 엄마가 병원장 아들을 사위로 맞는다며 온 수다를 떨더니만

어느 날 입을 닫고
시름시름 앓는단다

우르르 몰려가 들은 사연인 즉
양가 상견례를 하러 갔더니 늘상 다니던 산부인과병원 원장이 맞은편에 앉았더란다.

돼지 꿈

업혀가도 모를 잠결
검정 돼지 두 마리
멋쩍은 웃음 건네며
복권 두 장 받아들곤
행여나 부정 탈새라
부적처럼 품습니다.

넌지시 펼쳐보는
월요일 조간신문
신통하게 엇갈려 간
숫자의 조합이여
큰골 속 비밀 금고에는
목차 한 줄 늡니다.

우음 偶吟

어디선가 본 듯한 길가다 스친 얼굴
기억의 둘레를 돌아도 종말 없는 가려움을
그와 난
삼이웃이었을거야
신라쯤을 거스르면.

일요일

핏발 선 신경들을
올올이 풀어헤쳐

아이들 맑은 웃음에
헹궈 너는 한나절은

지구는
팽이처럼 돌고
나만 멎은 하얀 여백.

포대기

가만히 서 있어도
땀이 배는 삼복더위

곱상한 젊은 엄마
아기를 업고 간다

등에선
모자母子의 정이
곤죽처럼 익을게다.

어떤 대조 對照 · 2

빈집을 지키다가
입이 허전하면
포트에 물을 붓고
스위치를 넣는다
맛 보다 향기가 좋은
헤이즐넛 커피 한 잔….

더운 물 한 대접에도
아궁이에 불 지폈다
여름에도 보릿짚을 때야
손국시는 익었다
한 생을 불로 훨훨 태우신
시골 큰집 큰어머님… .

명의 名醫

우리 마을에는 명의가 하나 있다

머리가 아프대도 허리가 아프대도 손때 묻은 청진기를 가슴에 들이 대며 피둥피둥한 환자의 하소연에는 환한 웃음 지며 처방전을 휘갈긴다. "많이 좋아지셨습니다. 조금만 덜 드시고 조금만 더 움직이시고 스트레스를 줄이셔야 됩니다."

이 부적 하나 받으려고
조금 덜 움직이고 조금 더 먹을 궁리만 하는 환자들이 매일 매일 줄을 선다.

김씨金氏

오 분 마다 비행기가
뜨고 앉는 국제공항

오 초 마다 자동차가
들고 나는 주차장

진종일
바닥 쓰는 김씨는
차도 없는 국내파다.

2

별밤

눈 雪

긴 머리 나풀나풀
산자락을 흔들더니
배꽃 같은 웃음을
새 소리에 얹더니
이 밤엔
종이학으로
동백꽃을 피운다.

별밤

별이 쏟아져 내리고 있었다. 서럽게 우는 아이의 눈물방울처럼, 펄펄 내리는 함박눈 눈송이처럼 별이 쏟아져 내리고 있었다.

별은 내려와 들꽃을 피웠다. 잎이 하얀 들꽃을 피웠다. 핀 꽃잎 위로 별은 또 내려왔다. 감당 못할 별의 무게에 들꽃은 몸을 눕힌다. 누운 들꽃 위로 또 다른 별이 내려와 쌓인다. 시나브로 늘어나는 별의 무게…. 들꽃의 입술 사이로 낮은 신음이 흘렀다. 신음에서는 달금한 향내가 났다. 별이 향내를 빨아들였다. 바람이 불어왔다. 들꽃은 바람에 흔들렸다. 바람결을 따라서 세차게 또 여리게…, 여리게 또 세차게…. 들꽃의 입에서는 거친 숨소리가 터져 나왔다. 몸 가득 고여 있던 단내가 허공으로 흩어졌다. 자맥질하던 거친 숨소리가 이를 악문 신음으로 바뀌었다.

얼굴에는 김이 서렸다. 다급한 비명소리가 밤하늘을 흔들었다. 막힌 곳에서 부글부글 끓던 물은 뚜껑을 밀어 제치며 하늘로 솟구쳤다.

보시시 열리는 하늘…
들꽃이 풀어놓은 소리들은 올라가 별이 되어 있었다. 낮은 신음은 작은 별이, 거친 숨소리는 중간 별이, 이를 악문 신음은 큰 별이, 다급한 비명소리는 아주 큰 별이 되어 있었다. 별을 헤아리며 들꽃은 분별없었던 자신의 아우성에 얼굴을 붉혔다.

어느 연가 戀歌

먼 하늘 별빛 하나 선지 위에 앉습니다
가랑잎은 무슨 일로 밤 새워 소근댈까요
몇 날을 비루먹어야 자리 잡는 씨불입니다.

부챗살 거두어도 불은 번져 갑니다
라일락 향내 도는 진다홍 꽃불입니다
여름밤 부나비 같은 강단 없는 소진입니다.

텅 빈 뜨락으로 찬바람이 걸어갑니다
마디마디 저린 상처 눈비 맞아 아뭅니다
그러나 X-RAY를 찍으면 그 자국이 보입니다.

수진이

손 잡은 일도 없다
마음 준 일도 없다

퇴근길 소주 한 잔하고 가다 들러 생맥주 500씨씨를 시키면 땅콩 한 주먹 탁자에 놓으며 오지랖을 펴는 사람

앙가슴 허허한 날의
여백에 머물다 가는.

나른한 오후

오븐을 밀고나오는 빵 내음 같은 입술에
헤이즐넛 커피 향 같은 입술을 포개며
생크림 같은 눈짓을
주고받고 싶다.

* 헤이즐넛(hazelnut) : 개암나무 열매 향기를 커피원두에 입힌, 향이 좋은 커피의 일종.

여인 女人

저만치서 바라보면
잘 익은 달항아리

한 발짝 다가서면
모래 자국
하나
둘

몇 걸음 더 다가가 보면
도공陶工의 지문도 보인다.

그리움

채우고 또 채워도 비고 비우는 가슴속

바닥 환한 냇물처럼 드러내는 눈망울에

실안개 뽀얗게 내리면 세상은 꽃이어라.

밀회 密會

빛살의 어룽으로
잠을 터는 바닷가

눈 맞은 물새 한 쌍
부리 서로 쪼아대다

깃 하나
징표로 남기고
제 하늘로 흩어진다.

억새꽃

무심코 지나칠 땐 그냥 있는 것이었다
눈길이 닿았을 땐 술이 하얀 풀이었다
내 마음 얹히고부터는 빛덩이가 되었다.

마주치면 아는 체 고개를 까닥 까닥
때로는 웬 일인지 머리를 살래 살래
그 마음속에서도 나는 빛덩이로 자리할까.

윈 종일 마주서서 마냥 마냥 보고싶다
빛덩이 빛덩이 얼려 들불처럼 타고싶다
하지만 궤도가 다른 두 행성行星은 아닐는지.

새벽 풀숲

지분대던 어둠이 한순간에 걷힙니다
어둠에 짓눌렸던 풀잎들이 일어섭니다
아직은 낯 설은 밝음이 부끄러워 떱니다.

발끝으로 조심스레 첫 발짝을 딛습니다
이슬들의 아우성이 소나기로 내립니다
새 길을 여는 마음이 햇살처럼 밝습니다.

이왕 내친걸음 마음이 바쁩니다
오가는 이 없지만 걸음이 빨라집니다
풀 대궁 꺾이는 소리쯤은 음악으로 듣습니다.

뿌듯한 가슴으로 뒤를 돌아봅니다
내가 남긴 발자국에 마음이 짠합니다
하지만 가야할 길은 아직 많이 남았습니다.

회억回憶 · 서序

묻혀있던 불씨가 가랑잎을 태웁니다
불길은 장작을 지펴 불잉걸을 만듭니다
잉걸은 영혼의 소진消盡
하얀 재만 남깁니다.

하얀 재가 날리면 탄 자국이 남습니다
탄 자국 빗물에 씻기면 그을음이 남고요
그을음 세월에 대끼면
시 한 수가 됩니다.

회억 回憶 · 1

판만 벌어지면
이 한 몸 허물어지리

켜로 쌓인 갈증 앞에
첫 비가 내리던 날

사지四肢는 오그라들고
마음은 허둥허둥.

회억 回憶·2

추레한 내 유년은 언제나 빈 주머니
누구 하나 공책 사면 우르르 몰려간다
언젠간 내 손바닥에 묻어 나온 눈깔사탕.

회억 回憶 · 3

바람 한 점 들지 않는
웅숭깊은 골짜구니

디디면 미끄러지는
벼랑에다 몸을 싣고

하루 해
꽁지가 빠지도록
더운 숨을 토했네.

회억 回憶 · 4

양 끝을 잡아당겨
팽팽해진 고무줄
날카로운 면도칼로
툭하고 건드리니
다시는 이어지지 않는
두 동강이 되더구나.

회억 回憶 · 5

있는 듯 없는 듯
쟁반 위 세발낙지

젓가락 가져가니
마디마디 일어서서

비로소 만난 인연인 듯
칭 칭 감아 넘겼다.

회억 回憶 · 6

숟가락에 얹혀오고
젓가락에 집혀오고
걸으면 따라 오고
누우면 함께 눕데
유행가 구절구절이
가슴 콕콕 찌르던 날.

회억 回憶 · 7

열까 말까
할까 말까
요동치는 머릿속을

맘으로 하는 일이사
열 백번을 못하랴만

몸으로 하는 일에는
처음이 그리 힘든다.

회억 回憶·8

빨갛게 성이 오른
생손 앓는 손가락

아리아리 근질근질
머리마저 지근지근

갓 구운 모래에 확 박으니
온몸으로 아흐흐….

회억 回憶 · 9

주고받은 이야기는 다문다문 돌아오고

지나쳤던 눈짓 몸짓 또렷또렷 되비치데

밤 달은 거울이더라 상사화相思花 촉 트던 날.

* 상사화(相思花) : 잎이 있을 때는 꽃이 없고, 꽃이 필 때는 잎이 없어, 잎과 꽃이 서로 그리워한다고 상사화라 이름 지어졌다.

땅 끝에서

— 애기봉(愛妓峰)

흰 물새 하얀 울음
앙금으로 앉는 공간
팔 베고 잠든 아기 숨결 같은 능선으로
초병의 눈동자에선 총구 끝이 반짝였다.

해마다 찔레꽃을
훑어가는 파아란 강물
가슴에 박힌 탄피 대 물리며 녹슬어도
불잉걸 속에 떠오르는 불새 한 마릴 보았다.

3

꽃을 위한 명상

기도 祈禱

큰 돌[巨石] 빙빙 돌며
펄펄 뛰던 그 기구祈求나
정화수 한 사발에
비벼 말던 소원이나
시치미 뚝 떼고 떼쓰는
오늘 나의 기도나….

꽃을 위한 명상瞑想

비 개인 그날처럼
한 하늘이 열리던 날
두레박 몇 겁劫을 내려
옹이 맺힌 결을 풀고
싱그런 청복淸福의 화살을
온 몸으로 받는다.

뒤돌아 어지러운
익모초 달인 강물
고즈넉이 얹고 보면
절정에서 타는 개화
누구도 드러내지 않는
살아 아픈 숨결소리….

미답未踏의 설운 땅에
누가 먼저 기旗를 꽂나
섬짓 섬짓 에인 칼끝
살로 웃는 아침 한 때
꽃들은 어깨를 포개어
마파람을 쓸고 있다.

빅 뱅 Big Bang

아무 것도 없었다
텅 빈 허공이었다

마른번개 한 줄기
적막을 훑고 간 뒤

응~ 애~ 애
울음과 함께
우주는 탄생했다.

가을 산행

잊었던 시간들이 우수수 쏟아진다
되찾은 시간 위에 바람이 걸어간다
잊어도 찾아도 어쩔 수 없는
살점 같은 조각들.

우리 언제 마음 놓고 억새꽃을 피웠던가
언제 한 번 두 손 모아 들국환들 피웠던가
툭 트인 하늘 한 번 못보고
허덕허덕 가는 중턱.

끝이 어딘지는 아무도 모른다더라
소나무 갈나무에 잡초 함께 엉긴 산길
가끔은 삭신을 태우는
불도 질러 보는 거지.

가을 강江

하늘 문득 맑히는
서리 밟아 오는 바람
물결에 얹혀 우는
세상 밖 벌레소리
먼데 산 일던 불길도 지지듯이 갈앉는다.

이미 불 지른 연정
도리질을 하던 나무
잎마다 열熱이 닳은
돛단배도 띄우고
바리때 두 손에 받든 스님처럼 세워본다.

청자 푸른 보시기에
이슬처럼 고인 강물
살얼음 디디며 와
결을 푸는 허리띠를
은하강 어는 유역의 어머님도 만나 뵌다.

가을 · 소망

금 같은 도심의 땅 빌딩과 빌딩 사이
바람마저 서서 쉬는 빗살만한 여백에도
몇 대궁 코스모스는 궁티 없이 웃고 있다.
역마驛馬처럼 내달려와 숨 고르는 계절 앞에
소복소복 쌓이는 시름 한 켠 걷어내고
밤하늘 별자리 같은 꽃자리를 보고 있다.

가을 어귀·1

샘물에 찬밥 말아
오이지 한 조각

머리칼 빗어 올리는
바람의 뒷맛 같아

아 — 벌써
고개를 들면
하늘은 태풍의 눈.

겨울 산에서

뒹구는 잎새 하나도
스산한 입김의 땅
높새바람 키질하는 적막을 바라서면
선잠 깨 울던 유년의 문풍지가 하마 떤다.

이명을 끌고 가는
풀리지 않는 매듭
새벽별 자지러진 굽 안 도는 밑뿌리를
누대累代의 한숨에 찢긴 차일 한 장 내다건다.

누가 천 년을 사는가
살아 만 년을 남기나
빛으로 파편 튀는 진달래 꽃 진 자리
동천冬天의 여울을 건너는 숨결 가쁜 노래여.

만남

천지창조 그 벽화의
두 손끝이 마주치듯
두 우주의 눈망울이 반짝 불을 튕겼을 때
창세기 일 장 일 절은 또 새롭게 쓰여 진다.

발 저림

여섯 살 재롱둥이
말 배움이 재미나다

한참을 쪼그리고
깔깔대다 일어서며

“엄마아
내 발바닥에
사이다가 생겨요.”

무제 無題

하늘이 무너지는
억장 같은 아픔도
하루 이틀 사흘 나흘
묽어지며 잊느니
아무 일 없었다는 듯이
그리 그리 사느니.

새벽을 위하여

팽팽한 적막의 현을
새가 퉁기며 난다
비파처럼 울먹이는
밤을 달여 잦춘 가슴
굽 도는 망각의 세월
음악 먹어 푸릅니다.

얼 맑은 정화수에
한 점 두 점 뜨는 생각
물살이 물살을 베고
일어섰다 부서지고…
딱 한 번 챙겨야 할 삶을
만 번 대껴 삽니다.

참다못해 창을 질러
볼 부비는 여명의 끈
그 파란 시선 아래
구겨진 일상의 물때
객쩍은 웃음도 없으며
아귀 맞춘 빛입니다.

안국동 安國洞

빗물 괸 초석礎石 자리
웃음기가 남아있고

대황국大黃菊 불티같은
그 무엇이 날고 있다

역사의 구들목을 지키다가
두고 떠난 그 온기溫氣.

일상성 日常性

눈 뜨면 어김없이 혈관을 훑고 가는
이 악문 작두질로 달빛만 헹궈내는
동화 속 신기루 같은
강 하나가 흐른다.

빛 부신 하늘 이고 한데 얼린 풀꽃의 춤
저마다 환한 얼굴 살을 살라 부벼 봐도
계면界面을 누비며 흐르는
성에 낀 긴 그림자여.

이 저승 넘나드는 가슴 속 새 한 마리
내 안을 가로질러 새살 돋는 날개 짓을
아 문득 걸어서 오는
할아버님 잦은 갈증.

자연紫煙

파지 위에 덧쌓이는 무덤 가 먹빛 고요

거머쥔 매듭 하나 풀릴 듯 풀리지 않고

한 밤을 대낀 사려思慮는 백목련을 피웁니다.

진달래

큰 애기
큰 손 인심
여기 저기 한 움큼씩

뼈마디
서걱이는
산허리를 주무르면

산하는
삭신을 풀고
갈매 빛 눈을 뜬다.

계룡삼제 鷄龍三題

관음봉

무심無心한 불심佛心인데
유심有心한 인심人心이라

삽짝 밖 개꽃에도
그 마음 계시건만

계룡산 버금 높은 봉을
관음봉이라 부르데.

백목련

이른 봄 백목련은
숫처녀 마음이라

임에게도 줄 듯 말 듯
수줍은 웃음인데

동학사 앞마당 처녀는
고름 풀어 정을 주데.

벚꽃

동학사 드는 길은
부처님의 극락길

대 하나에 수백 꽃등
아승지로 켜들고서

잡놈의 더런 가슴을
잠시 잠시 닦아주데.

한 시간

사람은 한 시간이면
십 리를 걸어가고

열차는 한 시간이면
오백 리를 달리는데

그리운 마음 한 시간이면
이승 끝을 뒤집는다.

아파트 시대

수십 단 쌓아올린 유리 상자는 한 번도 그 속을 드러낸 일이 없는 깊은 바다다.

달빛이 일렁이고 가끔 별이 머리를 내미는 수면과 수면 사이사이로 물고기들은 형형색색의 튀기가 되어 초록 불에 헤엄치고 빨간불에 숨 고른다.

소품小品이 되어버린 사람은
강아지와 입을 맞춘다.

면죄부 免罪符

꽃 한 송이 꺾으면
큰일 난다 가르치고

눈 한 번 껌벅하며
산 하나를 꿀꺽 하네

힘이란
하늘마저 가리는
대한민국 면죄부.

4

노변식사

노변식사 路邊食事

– 데모막이 전경

누구나 집에 가면
하나 같이 중한 자식

멀쩡한 하루해를
길바닥에 쏟아 붓고

싸늘한 자존심 한 덩이
체념에다 말고 있다.

사각 하늘

나는 언제부터인가
사각 하늘 이고 산다

아파트에서
사무실에서
각진 하늘만 보는 탓인가

가끔은
마주선 사람도
턱없이 모가 져 뵌다.

순장 殉葬

두고 가기에는
너무나 아까웠을까

나 없는 세상 살아갈
연놈들이 미웠을까

너 너 너 이리 오너라
함께 가자
먼 길을….

* 삼국사기 신라본기 제4권에 신라 22대 지증왕 3년(서기 502년) 3월에 왕은 순장(殉葬)을 금지하라고 명령하였다. 이는 전왕(炤知王)이 돌아가자 남녀 각각 5명씩을 순장하였기 때문에 이를 금지한 것이다.

** 2009년 11월. 경남 창녕 송현동 15호 고분에서 출토된, 1500년 전 주인을 따라 순장(殉葬)되었던 가야(伽倻) 소녀가 첨단과학을 통해 생생한 모습으로 되살아났다.

북한산을 오르며

1.
돌덩어리 하나씩
등짝에다 얹고서
숨이 턱턱 막히는
산길 헤쳐 올라간다
북한산
축성공사 가는
조선朝鮮의 겨운 삶이.

2.
근심덩이 하나씩
배낭에다 짊어지고
반질반질 윤기 도는
산길에다 땀 뿌린다
북한산
대남문 오르는
한국韓國의 겨운 삶이.

3.
어제 걷던 이가
오늘은 길에 없고
오늘 보이던 이가
내일이면 안 보이는
북한산
능선 오르는 길
겨운 삶의 대물림을!

황사 黃砂

아지랑이 자욱하면
황사가 몰려 온다

신문 방송 엥엥댄다
쑤신 벌집 벌 떼처럼

신라新羅적
소쩍새 한 마리
재를 넘는 하늘가에.

경조사 慶弔事

시간 겹친 혼사 하나
인편에 부조 전하고
점심은 결혼식장에서
저녁은 장례식장에서
어차피 품앗이라지만
때로는 숨이 차다.

패랭이꽃

엎어지고 자빠지는 초록의 물때 속에

한 자[尺]의 높이에서 흐느끼는 혈흔의 섬

그 어느 유월의 아픔도 곱씹어야 아픔이다.

달팽이

별 바른 개펄위에 퍼질러 앉았다가도
마파람 한 자락이면 집속으로 튀어든다
나만이 살아야 하는 그 이기利己의 둥지로.

도심 삼제 都心 三題

나무

구겨진 사각 그늘 흙 한 줌 뵈는 자리
수척한 플라타너스 하루해를 지고 섰네
걸쭉한 탁배기 한 사발
정도 한도 풀고 싶네.

정원

연건평 이만 여 평의 서울 도심 어느 회사가
큰 맘 먹고 뚝 떼어준 여남은 평 정원에는
가끔은 길 잃은 철새던가
연인들도 와 앉더라.

시심 詩心

풀 한 포기 자라지 않는 육면체의 정글
그 각角 속 저 한 권 서류더미에 묻혔다가
받아 든 낙엽제落葉祭 소식
한 평 밭이 젖더이다.

물난리 뒤끝 삼제三題

아침 인사

하수구를 다독이다
벽도 한 번 밀어본다
생살부生殺簿 뒤적이는
TV 앞의 밤은 길고

"간밤엔 무사하셨습니까?"
인사말도 섬뜩해라.

풀벌레 울음

들풀의 한 생 터전
강바닥이 되었다
나가는 넋 다잡아도
속만 타는 마룻바닥

그래도 비 그친 교정에선
풀벌레가 울어댄다.

오두막집

용케도 견뎠구나
산등성 오두막집
벼랑은 흘러내리고
계류溪流는 차오르고…

차라리 곤한 잠을 잤을
하늘 바라 지친 혼.

봉급명세표

씨알처럼 품고 갈
월급봉투 갈음하여

어지러운 책상 위로
날라든 엽서 한 장

"노고에 감사합니다"
그 추신이 겹습니다.

어떤 대조 對照 · 1

여느 날 새벽처럼 동녘이 붐해오면
뻣뻣한 몸을 풀고 산책길을 나선다
나무는
여름 뒤끝을
빗질하고 있었다.

조간신문 펼쳐드니 이게 무슨 소린가?
후딱 몸을 돌려 텔레비전을 틀었다
백여 층
빌딩 중턱을
관통하는 여객기….

전설

1.

이 고을 저 고을 어림없는 뜬소문도

서낭당 조아리고 삼신할미 입김 쐬면

질화로 녹두죽 같은 이야기가 되더라.

2.

겨울 밤 이슥해야 말문 트시는 할머니

손주는 잠들어도 어민 듣고 또 듣고…

쌀뒤주 쉿대 물리듯 그리 천 년 잇더라.

3.

집지킴 구렁이가 마을을 떠나 갔나

젊은이들 하나 둘 잦아드는 도회 불빛…

울 할매 동지섣달 밤은 바람만 울며간다.

한가위 행行

차체가 차체를 끌고 불빛이 불빛을 민다
서울에서 부산까지
대전에서 광주까지
가지에 곁가지를 치며
굽이치는 긴 물굽이.

기다리는 마음이사 외딴집 빤한 불빛
달리는 마음이사
한껏 부푼 달덩이
산모롱 돌고 돌아도
향수만은 곧은 직선.

녹슬었던 번철판엔 기름방울 다시 튀고
덩그렇던 대청마루
발소리 쿵쿵 울리면
온 마을 화답하는 소리
떡메소리 철썩 철썩.

세상사 골이 깊어 저마다 각각 흩날리고
오가는 길목 길목엔
기다림이 널브러져도
추석은 두리 둥근 함지박
둘러앉은 밥상머리.

저저마다 손때 묻은 이야기도 꺼내놓고
가다간 울컥 울컥
뜨건 말을 내질러도
반만년 그리 살았다며
달로 띄워 웃었다.

신문

바람 맞은 갈대인 양
물때 만난 조수인 양

이리 한 번 우루루
저리 한 번 우루루루

여름밤 개구리 울음 같은
밑도 없는 탑을 쌓네.

5

겨울밤

무위 無爲

모두 막혀 진공 같은
적막한 공간에서
마른 덤불 한 더미
참숯처럼 타고 있다
언제나 언제나처럼
뿌리까지 지지며….

내가 사룬 덤불더미
산 만 할까 집 만 할까
얼마를 더 비우면
명경 같은 달이 뜰까
숨죽인 바다에 이는
귀신 곡할 회오리여.

겨울밤

바람이 잦아지면
우주는 잠을 잔다
쌔근대는 고른 숨결
낙엽을 뒤척이며…
저만치 빤한 불빛만
시름처럼 익고 있다.

반쯤 풀린 두루마리
풀며 온 길 더듬으면
동짓달 아픈 바람
마디 굵은 손을 잡고
지병持病의 뿌리를 뽑듯
빈 가지를 뒤흔든다.

실컷 울고 나면
서러움도 바닥나듯
뒤엉킨 실타래가
모두 사윈 마음자리
반야경 구절 구절 같은
달빛이 와 고인다.

성당 이제 聖堂 二題

고해성사

진공 같은 방안에도
먼지는 쌓이는데

살아 뛰는 가슴속에
무언들 안 고이리

쓸고 또 쓸어 닦아도
수평 너머 이는 구름.

봉헌

옷 두 벌 가진 자
한 벌 나눠 주라시는데

얇은 지폐 한 장
가시처럼 따갑다

모든 걸 비우러 와서
얼음장을 품고 간다.

부전자전 父傳子傳

예전 아버님의
때늦은 밥상머리

그 무슨 반찬인 양
소주병이 놓였더니

이제는 내 식탁에도
소주잔이 놓인다.

어느 우일雨日

하 많은 겨운 시름
빗줄기로 달려와서
말끔히 빈 가슴을
어지러이 찢어댄다
날 들면 새 이파리 위
햇살처럼 닦일 무명無明.

마음 비운 목탁소리
계류처럼 여울져도
인간사 어느 구석
섭리로만 풀리던가
대 물린 망울을 삭히며
할배처럼 아비처럼….

사모곡 思母曲 · I

물 한 방울 아끼시듯 말씀도 삼가시며
넌지시 건네주시던 눈길 속엔 하얀 박꽃
앙가슴 적시던 빗물은 주름살로 앉더이다.

듬성 듬성 내린 별빛 머리칼로 잦아들던
두어 치 앞 지명知命을 허물처럼 벗으시던 날
흰 나비 산길을 돌아 재를 넘어 가더이다.

대 물린 애물 하나 유품이듯 품고서
억새꽃 바람 흩는 당신 곁에 나앉으면
그날의 그 하얀 달빛 눈시울을 적십니다.

독백 · Ⅱ

한 땀 여백도 아껴 또박 또박 메꾸어 온
반쯤 쓴 일기장이 깃털처럼 날린다
양지 녘 턱 괴고 앉으면 괜히 이는 엷은 안개.

한 점 바람으로 서녘하늘 넘는 날
다독이던 모래성은 뿌리까지 흩날려도
지구는 태양을 돌아 어김없을 밤과 낮.

한 번 피었다 지는 풀꽃 같은 삶이라면
때로는 산다는 게 추레한 요식행위
하지만 던질 수 없는 순이 얼굴 환한 웃음.

겨울 동작동에서

– 전역하신 아버님께

잎 떨군 꽃대궁을 눕혔다 되세우며
퇴색한 벽화 한 장 물을 뿜어 밝히며
그 겨울 아픈 바람이 가슴을 후벼 판다.

선혈 입에 물고 현신하신 부처던가
"소대장님 나 죽거든 태극기나 덮어주오."
달빛도 숨죽인 계곡을 외로 지킬 박상사.

돌비를 쓰다듬는 손길도 이젠 뜸해
나마저 도열하듯 능선 너머 누우면
너와의 더웠던 만남은 강심江深으로 잦아드리.

잠결에 만난 나의 사우思友

곤한 잠 베게머리 걸터앉은 옛 동무야
실 묶어 뽑은 앞니 아직 비어 있더구나
아들놈 이갈이 하는 세대의 강을 건너고도….

발가벗은 삼복하며 누더기로 기운 삼동
포연 잦은 산야를 탄피처럼 뒹굴었지
쌕쌕이 나는 하늘엔 별도 네 개 그려보며.

그 천사들 그 크던 꿈 모두 모두 이뤘을까
연륜만큼 불은 시름 앙가슴에 파묻으며
한 줄기 빤한 외길을 내닫지는 않는지….

자화상 自畵像

I.

들짐승 암내 쫓다 해 한 덩이 삼킨 뒤에
손아귀 돌칼 자국 주린 배가 죄어오면
아버님 고인돌 머리
핏물 배어 지는 노을.

Ⅱ.

토함산 기슭 일궈 보리며 기장 좁쌀
알뜰히 온기 둘린 아랫목 밥주발을
황사에 묻어나 올까
나제羅濟국경 저문 소식.

Ⅲ.

맑은 혼 모두 비워 읽어 내린 서류더미
아린 눈 비벼 뜨고 시집 한 권 펼쳐들면
서늘한 강물의 흔적
만 리 차창 흔들린다.

Ⅳ.

달빛에 구운 이슬 햇살만 뒤적이고
억새풀 허리 펴며 바람 흩는 후미진 골
풀꽃은 또 홀로 이울며
새 씨앗을 흩는다.

오도송 悟道頌

평생 거짓말만
하다 간다는 해인사 스님

마지막 고백 한 마디
산안개를 걷었네

먼 데 산 풀꽃 한 송이
홀로 피고 홀로 진다.

제사祭祀 · I

그제 주린 배를 채울
잔칫상도 아닙니다

이마 몇 번 조아리고
받을 복도 없습니다

당신이 계셨기에 제가 있는
때늦은 소임所任입니다.

제사 祭祀 · Ⅱ

먼지가 켜로 앉아
벽이 된 거울에는
향불을 그어대고
미간마저 다잡아야
뜨거운 눈물로 보낸
당신 얼굴 보입니다.

그날 그 언덕 풀꽃 앞에
이 거울을 세운다면
한 마디 말도 없이
등 돌려 앉을까요
측은한 눈빛 건네며
고개 끄덕일까요.

아무도 가보지 않아
어둠만 가득한 곳
아슴한 우주처럼
풀래야 풀리지 않고
산자의 궁리로서는
망각만이 아픕니다.

당신 얼굴 아는 이가
하나 하나 줄어들어
마침내 이승이 비면
당신은 역사가 됩니까
이제는 봉분도 없이
바람이 된 그 역사….

참회록 · I

피를 철철 흘리며
사람 하나 뒹구는데
내가 할 수 있는 것은
아무 것도 없었다
뒤 마린
강아지 한 마리
머리 속을 바자닐 뿐.

전후야 여하하던
병원으로 가야한다
옷이라도 찢어서
피 멈춤을 시켜야 한다
십 수 년
밤 밝힌 교육이
모범 답을 찾아낸다.

들쳐 메면 단벌 양복
피범벅이 되겠지
집에는 어찌 가나—
세탁비는 누가 내나—
사람이
피를 쏟으며
너부러져 있는데.

참회록·Ⅱ

아!
그때
그 사람에게
그런 말은 말았어야지…

자다가도 문득문득
가슴이 아려온다

무심코 던진 돌멩이에
개구리는 목숨이….

하차연습 下車練習

올라 보니 완행열차
어디론가 가고 있는

꽃 피면 꽃부꾸미 내川에서는 천렵도 하고 아찔한 낭떠러지는 설설 기어서 넘고 비 오는 날은 공치는 날 더러는 바람도 불고… 숱한 사람들이 올라오고 옆을 스쳐가고 등짝에 기대기도 하다가 두서없이 내려가고…

내릴 역 아렴풋한데
짐 꾸러미 남겨두고 훌쩍 내리기에는 너무 오래 내 옆에 앉아 있은 맞은편에 와 앉아 있은 아! 이 웬수들… 벌써부터 보고 싶다.

막장일지

자의 길이로는 잴 수 없는 갱도의 끝
힘겹게 끌고 오던 뒷길이 내려앉을 때
길 잃은 어린아이처럼
엉엉 울어버렸다.

그래도 손쉬운 건 오던 길을 되짚는 일
손과 발 무릎으로 엉금엉금 기어간다
자존심 그 장한 이름은
수건 같은 사치품.

가만히 모로 누워 죽음을 생각는다
고물고물 다가오는 손때 묻은 정다운 것들
이럴 땐 어찌 하오리이까
그대 이름 신이여!

두 손을 모두우고 꿇어앉아 조아리면
무릎만 저려오지 무엇이 남으리이까
기적은 다리품값이지
기도 값은 아니리이다.

손바닥에 침을 묻혀 곡괭이를 다시 든다
한 번 한 번 또 한 번 찍어보는 절망의 벽
모세의 하나님이여
인내와 용기를 주소서.

가을 어귀·Ⅱ

이렇게 해야 할까
저렇게 해야 하나
궁리가 궁리를 내는 따가운 눈을 드니
무심한 고추잠자리 빈 하늘을 이고 섰네.

먼지 낀 유리창에
빗물이 듣고 있다
이왕 올라치면 장대비야 쏟아져라
홍건한 빗물에 젖어 이 하루를 살고 싶다.

자식의 애비도 아닌
애비의 자식도 아닌
부하도 상사도 아닌 주인도 손님도 아닌
한 마리 솔개가 되어 하늘로 솟고 싶다.

□ 변영교의 시세계

감성과 뚝심, 기도로 승화한 서정의 힘

이상범

1.

변영교시인은 1989년도, 그러니까 변 시인이 외환은행 런던지점의 과장으로 근무하던 시절 <조선일보> 신춘문예에 시조가 당선되어 문단에 나온 시인이다. 그런 그가 23년 만에 『꽃을 위한 명상』이란 첫 시집을 출간하겠다고 하니, 이게 어찌된 일인가 싶기도 하고 한편 대견스럽기도 하고 딴은 눈물겹기까지 하다.

그는 외환은행을 나온 뒤 다른 은행으로 옮겨 홍콩지점의 지점장으로 근무하기도 했었다. 하지만 국가적인 금융위기사태를 맞아 그 생활이 여의치 않게 되자

그는 엄청난 변신을 시도, 현재 관세사로서 활동하고 있다. 은행과는 전혀 다른 새로운 분야에서 늦깎이로 살아남기란 그리 만만치가 않았을 것이다. 그래서 필자는 '혹 시를 포기한 것이 아닌가?'하는 생각을 하기도 했었다. 그러나 이번 시집의 묶음을 펼쳐가며 하나하나 음미하는 동안 '그랬구나!' '죽지 않았구나!' '그간 노력을 게을리 하지 않았구나!'하는 수긍과 함께 그가 땀땀이 누벼온 시세계의 몸짓과 눈짓을 살펴보기로 한다.

2.

변영교시인의 시세계는 감성과 투명한 서정이 뚝심과 같은 시의 힘을 지닌다. 그러면서 웃음과 즐거움을 독자에게 전달해 주는 해학적 묘미가 숨 쉬고 있다. 여기에서 뚝심이란 투명한 서정에 미감, 혹은 감성, 혹은 역사의식, 그리고 서민의식 등을 내포한 그만의 독특한 저력으로 보아도 무방할 듯싶다. 그러기에 그의 시는 어느 한 군데에만 머무는 그런 시가 아니다. 그의 시선, 즉 눈길과 관심이 머무는 곳에 존재한다. 하기에 그의 시적 영토는 생활의 영역과 심적인 영역을 두루 아우르는 너른 영토가 된다.

사실 시조의 진수는 단수單首에 있는 것 같다. 젊어서 보다는 원숙한 시의 연륜을 지닌 중년 이후에 활용하면 제격이라고 믿는다. 그만큼 압축미와 여유, 그리고 적당한 긴장이 어우러져 이룩하는 고졸경古拙境을 염두에 두었다고나 할까. 여하튼 그만큼 어렵다는 말이다. 변영교시인의 시에서는 이러한 단수에서 적지 않은 감성과 서정, 번쩍이는 눈 뜨임을 발견할 수가 있었다. 또한 연시조連時調에선 그가 펼치고자 했던 시 본연의 기량을 마음껏 풀어보는 보법으로 수首마다 변화와 이미지의 승화로 이어져 후련한 역량의 파급과 세勢를 가늠할 수 있었다.

3.

단시조에 실린 감성과 서정, 그리고 새로운 눈 뜨임

빨갛게 터져 오르는 한 그루 덩굴장미
접신한 무녀처럼 신탁神託을 읊조리면
사람은 숨을 죽이고 하늘의 소리를 듣는다.

〈신탁神託－가수 조수미에게〉 전문

<신탁神託－가수 조수미에게>에선 아름다운 소리의

흐름과 뻗어나감을 '빨갛게 터져 오르는 한 그루 덩굴장미'로 표현하고 있다. 참으로 기발하다. 정열과 아름다운 소리, 소프라노의 높낮이와 뻗어나감을 그렇게 상상하고 있는데 그것이 바로 덩굴장미라는 것이다. 타이틀에서 <신탁神託>이라 했다. 이는 신神이 인간을 매개로 하여 하늘의 뜻을 전달하려는 것을 이르는 말이다.

바꾸어 말하면 이건 분명 신의 소리이지 인간의 소리는 아니라는 말이 된다. '접신한 무녀처럼 신탁을 읊조리면'이 그것이다. 그 같은 신의 소리에 '사람들은 숨을 죽이고 하늘의 소리를 듣는다.' 하였다. 아주 매료되어 푹 빠지게 되었다는 말로 들린다.

왼 종일 마주서서 마냥 마냥 보고 싶다
빛덩이 빛덩이 얼려 들불처럼 타고 싶다
하지만 궤도가 다른 두 행성行星은 아닐는지.

〈억새꽃〉 종장

<억새꽃>(3수 중 끝 수首)에선 잠시 잠시 스쳐가고 머무는 마음의 끌림과 흔들림, 그리고 하얗게 타는 눈부신 흉금의 아름다움을 훔쳐볼 수 있다. 그냥 하얗게 타보고 싶은 심정인 것이다. 이게 당치도 않은 정감이

아닌가 하고 반문해도 어쩌자는 방법은 없다. 다만 그렇게 빛덩이 빛덩이로 타고 싶은 것이다.

그러나 그렇다! 다시 제자리로 돌아와 보니 서로는 궤도가 다른 행성行星(별똥별)은 아닐까 하고 실소失笑해 보는 것이다. 누구나 다 한 번은 스쳐 지나가는 신열의 꿈이었으니까 말이다. 그래도 감미로운 것은 방법이 없다.

양 끝을 잡아당겨
팽팽해진 고무줄
날카로운 면도칼로
툭하고 건드리니
다시는 이어지지 않는
두 동강이 되더구나.

〈회억 · 4〉 전문

<회억>이란 작품을 여러 편 썼는데 그 작품들이 대체로 미소와 즐거움을 안겨주고 있다. 그래서 그 중의 한 편을 음미해 보려고 한다. 고무줄을 팽팽히 당겨 면도칼을 살짝 대기만 하면 그냥 두 동강이 난다는 아주 평범한 이야기가 문득 뇌리를 때리고 새로운 것으로 다가서는 것은 무엇 때문일까.

일상에서 흔히 보고 지나치는 일상사 가운데 이 같은 일은 관심과 집중에 따라 얼마든지 얻을 수가 있다. 어쩌면 '평범한 경이' '문득 챙긴 진리'는 아닐까.

여섯 살 재롱둥이
말 배움이 재미나다

한참을 쪼그리고
깔깔대다 일어서며

"엄마아
내 발바닥에
사이다가 생겨요."

〈발저림〉 전문

<발저림>을 읽노라면 여섯 살 재롱둥이의 발 저린 느낌을 내던진 한 마디가 그렇게 신선할 수가 없다. 때 안 묻은 동심이 전하는 느낌의 한 마디가 신선함을 넘어 충격(?)에 가깝다. '여섯 살 재롱둥이 말 배움이 재미나다, 한참을 쪼그리고 깔깔대다 일어서며 "엄마아 내 발바닥에 사이다가 생겨요."' 그 사이다란 표현이 이 시의 백미라고 여겨진다. 그렇다! 등 두들겨 주고 싶은 표현이다.

누구나 집에 가면
하나 같이 중한 자식

멀쩡한 하루해를
길바닥에 쏟아 붓고

싸늘한 자존심 한 덩이
체념에다 말고 있다.

〈노변식사－데모막이 전경〉 전문

<노변식사－데모막이 전경>은 바로 데모를 진압하기 위해 수고하고 있는 전경들 모습의 단면이다. 그들도 집에 가면 하나같이 귀한 자식일진데 종일을 길바닥에서 실의와 묵언을 쏟아 붓고 하루해를 소진한다. 그리고 자존심 한 덩어리의 밥을 반합飯哈에 받아 체념을 섞어찌개에다 말아 먹고 있는 것이다. 노변식사를 바라보는 작자의 정황이자 시각이다.

두고 가기에는
너무나 아까웠을까

나 없는 세상 살아갈
연놈들이 미웠을까

"너 너 너 이리 오너라
함께 가자
먼 길을…."

〈순장殉葬〉 전문

<순장殉葬>은 참으로 어처구니없는 역사적 사실이다. 그저 놀라울 뿐이다. 놀부의 심보 보다 더한 비정함이다. 신라의 소지왕炤知王이 돌아가자 그의 무덤에 남녀 각각 5명씩, 10명을 왕과 함께 순장하였다는 기록이 삼국사기에 나온다. 또 1500여 년 전에도 세력가인 주인을 따라 순장된 가야伽倻 소녀가 있었다. 2009년도에 출토된 경남 창녕 송현동 15호 고분에서 그 모습이 생생히 되살아 난 적이 있었다. 본인(왕, 혹은 세력가)의 죽음이 억울(?)해서 그런지 아니면 사랑하는 마음에서인지는 몰라도 산 사람을 함께 묻은 것이다.

평생 거짓말만
하다 간다는 해인사 스님

마지막 고백 한 마디
산안개를 걷었네

먼 데 산 풀꽃 한 송이
홀로 피고 홀로 진다.

〈오도송悟道頌〉 전문

<오도송悟道頌>을 읽다가 문득 이런 생각을 갖게 한다. 이 시인은 작품 한편 한 편을 출산하며 정성과 각고의 노력, 그리고 상상의 날개를 펼치면서 스스로가 회의와 긍정을 반복하며 자문자답의 외길을 걸었을 것으로 여겨진다. 그래서 '평생 거짓말만 / 하다 간다는 해인사 스님 / 마지막 고백 한 마디 / 산안개를 걷었네' 여기에 종장인 '먼 데 산 풀꽃 한 송이 / 홀로 피고 홀로 진다'는 깨우침의 한 마디가 곧 <오도송>인 것이다.

내가 엮는 시의 깨우침도 풀꽃 한 송이 피웠다 지는 그것과 무엇이 다르겠는가 하며, 시작詩作의 <오도송悟道頌>으로 받아들인 것이다.

4.

연시조에 실린 시조 본연의 길, 그 신선한 감성과 서정, 그리고 정통성正統性의 힘

비 개인 그날처럼 / 한 하늘이 열리던 날

두레박 몇 겁을 내려 / 옹이 맺힌 결을 풀고
싱그런 청복의 화살을 / 온몸으로 받는다.

되돌아 어지러운 / 익모초 달인 강물
고즈넉이 얹고 보면 / 절정에서 타는 개화
누구도 드러내지 않는 / 살아 아픈 숨결소리….

미답의 설운 땅에 / 누가 먼저 기旗를 꽂나
섬짓 섬짓 에인 칼끝 / 살로 웃는 아침 한 때
꽃들은 어깨를 포개어 / 마파람을 쓸고 있다.

〈꽃을 위한 명상〉 전문

<꽃을 위한 명상>은 변영교 시인의 가장 물오른 시기의 작품이다. 물론 이 작품이 23년 전 작자의 활짝 열린 내면이 비 개인 그날처럼 한 하늘이 열리던 날, 내면에 두레박 몇 겁을 내려 옹이 맺힌 결도 풀어 주고 싱그러운 청복의 화살, 곧 햇살을 온몸으로 받는다. 그러나 그 같은 햇살을 받기 위해 그동안 겪었던 고난을 돌아보면 어지러운 익모초 달인 강물과 같이 쓰디쓴 세월이었을 것이다. 그러나 그 같은 어지러움을 저기쯤 고즈넉이 얹어두고 보면 절정에서 타는 개화를 볼 수가 있다.

계곡이 깊으면 산이 높음과 같다. 고난이 깊은 곳에 절정에서 타는 보람의 빛을 보는 것이다. 그 꽃은 곧 누구도 드러내지 않는, 살아 아픈 생명의 소리임을 감지한다.

그러나 개척해야할 땅, 황무지의 땅은 넓다. 아무도 밟지 않은 설운 땅에 누가 먼저 기旗를 꽂을 것인가! 하는 내면에서 솟구치는 결의도 싱그럽다. 그 결의가 얼마나 날카로운지 자칫 잘못 하면 베일 것 같은 섬광이 엿보인다. 그 같은 빛의 몸으로 살로 웃는 아침 한 때에 꽃, 즉 시의 몸들은 어깨를 포개어 마파람, 곧 남쪽에서 불어오는 따스한 바람을 비질하고 있으니 이제 마음이 놓인다.

땅을 적실 비도 몇 줄금 내릴 것 같다. 시의 텃밭도 적셔줄 것 같다. 이 작품은 시작詩作의 고난과 정감, 그리고 영혼의 소리에 이어 개화에 이르는 과정을 젊음과 패기를 앞세워 개간과 굴착을 통해 뚝심의 감성으로 승화한 역작力作이라 하겠다.

하늘 문득 맑히는 / 서리 밟아 오는 바람
물결에 얹혀 우는 / 세상 밖 벌레소리
먼데 산 일던 불길도 지지듯이 갈앉는다.

이미 불지른 연정 / 도리질을 하던 나무
잎마다 열이 닳은 / 돛단배도 띄우고
바리때 두 손에 받든 스님처럼 세워본다.

청자 푸른 보시기에 / 이슬처럼 고인 강물
살얼음 디디며 와 / 결을 푸는 허리띠를
은하 강 어는 유역의 / 어머니도 만나 뵌다.

〈가을 강〉 전문

<가을 강>은 저무는 계절을 깊게 깔고 흐르는 강, 하늘 문을 맑히는 서리 밟아 오는 바람의 스산하고 씁쓸한 강물이다. 그 같은 물결에 얹혀 우는 세상 밖의 벌레 울음소리… 가라앉은 자만이 듣는 외로움의 톱질 소리인 것이다.

먼 데 산 일던 단풍의 뜨거운 불길도 차분히 지지듯이 가라앉았다. 갈색으로 지워져 묵언默言으로 정좌正坐해 있다. 그래도 불타던 연정의 한 때는 도리질을 하던 나무다. 잎마다 신열身熱이 닳아 떨어져 붉은 돛단배도 띄워보곤 했었다. 어쩌면 그 빛바랜 낙엽이 바리때로 보이기도 하였다. 스님 손에 받든 바리때가 되어 부처님께 바치는 공양으로 세워 보기도 하는 것이다. 그것은 간절한 기도로의 변신일 것이다.

기도를 뉘인 뒤에 청자 푸른 보시기에 비로소 이슬처럼 고인 강물이 된다. 그 다음은 살얼음 디디며 와결을 푸는 허리띠의 강물을 만난다. 허리띠를 푸는 강물은 저 하늘에 올라 어느새 은하강물이 되는 것이다. 그 은하의 어느 유역에서 하늘의 사람이 된 어머니도 만나 뵙는 것이다.

춥고 쓰디 쓴 정열의 강물에서 돛단배는 바리때가 되어 기도로 승화한 청자 보시기에 담긴 이슬 같은 강물이 되고, 그 강은 기도로 승화하여 은하 강물이 되어 그 곳에 계신 어머니도 만나게 된다.

시의 몸통의 변화, 기도가 주는 아름다운 승화, 그 은하강의 어머니로 이어지는 서정과 상상력이 주는 흐름의 순화와 힘이 눈부시다.

5.

맺는 말

변영교 시인의 시세계는 감성과 투명한 서정, 뚝심 있는 힘을 지닌다. 그러면서도 웃음을 건네는 해학이 숨 쉬고 있다. 행간에 읽히는 서정 너머로 미학과 역사의식, 서민의식 등, 생활과 심적인 영역의 너른 시의 영토를 지니려는 노력을 하고 있다.

단수에선 번뜩이는 눈 뜨임을 보이기도 하는데 여기서 압축과 긴장, 여유와 숙성이 공존하는 열린 시안詩眼임을 감지할 수 있었다. 연시조에선 단수의 기량이 수首마다 변화가 주는 쾌감과 승화를 통하여 후련한 시의 세勢를 구사하는 힘을 감지할 수 있었다. 그리고 많은 굴착에서 영혼의 소리도 문득 들을 수 있었다는 것을 다행으로 여기고 있다. 지금 부터가 시작이란 말을 꼭 전해 주고 싶다.

꽃을 위한 명상

지은이 / 변영교

펴낸이 / 金映希

펴낸곳 / 도서출판 土房

2013년 1월 25일 초판 1쇄 발행

등록 1991. 2.20. 제6-514호

136-825

서울특별시 성북구 성북로 22-1 (3층)

전화 766-2500, 747-4588

팩시밀리 747-9600

e-mail/ tobang2003@hanmail.net

ISBN 978-89-87066-91-2 03810